they say, no one -'ll love you as you are But

I won't let them break me down to dust

I know that there's a place for us,

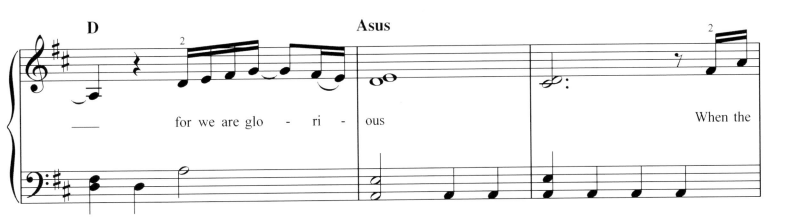

for we are glo - ri - ous When the

sharp - est words wan - na cut me down I'm gon - na

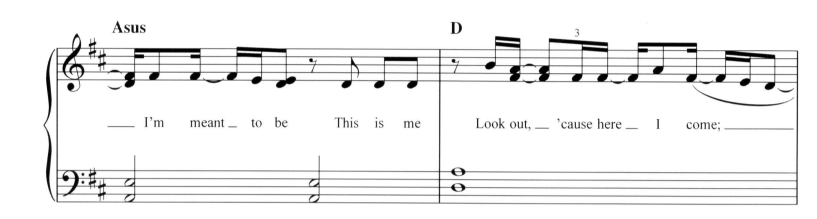

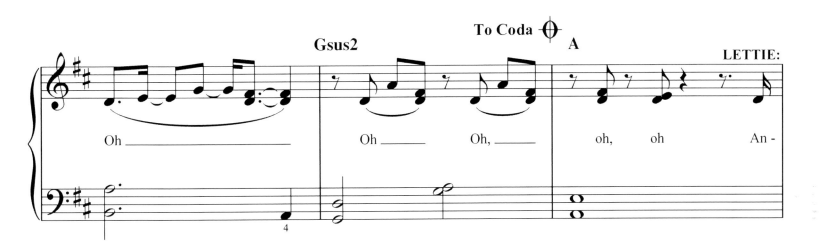

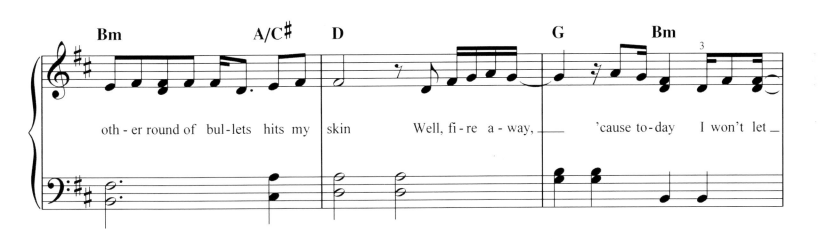

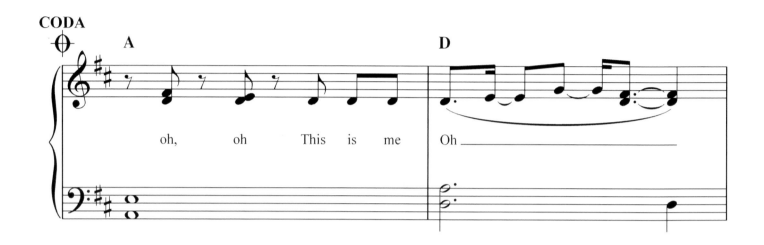

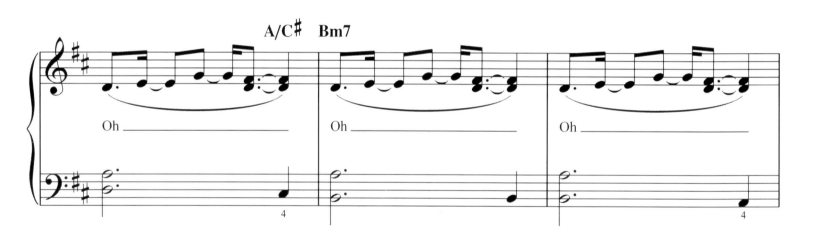

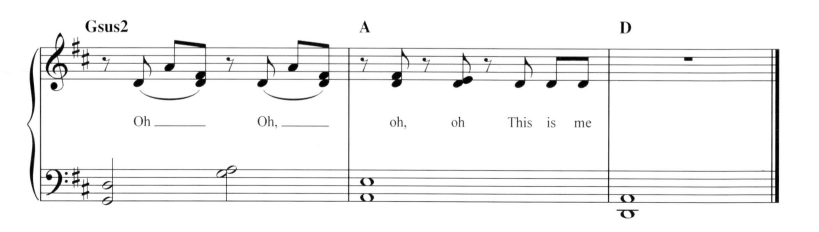